Borobudur

"Aku mau hidup seribu tahun lagi"

(Chairil Anwar)

Bagi candi Borobudur makna kata-kata mutiara penyair Chairil Anwar ini mungkin diwujudkan. Tadinya candi Borobudur hampir mengalami keruntuhan tetapi berkat pemugarannya kini terhindar dari malapetaka kemusnahan. Pemugaran raksasa ini, yang mengambil waktu sembilan tahun, tepat selesai pada jadwal rencana kerja.
23 Pebruari 1983 akan tercatat sebagai tanggal bersejarah, dan hari peresmian penyelesaian pemugaran dilakukan oleh Bapak presiden Soeharto.

"I want to live a thousand years more"

(Chairil Anwar)

For Borobudur the meaning of these precious words of the late poet Chairil Anwar, may well become a reality. Borobudur temple which was on the edge of destruction, has been safeguarded as the result of gigantic restoration work. This restoration which lasted nine years, has been accomplished exactly according to schedule.
23th of February 1983 will be remembered as a historic date; the official day of ending restoration of chandi Borobudur by the president the Republic of Indonesia, Soeharto.

Yazir Marzuki
Toeti Heraty

Borobudur

Penerbit Djambatan

Copyright © pada Djambatan
Anggota IKAPI
Cetakan pertama 1982
Cetakan kedua 1985
Cetakan ketiga 1987

Copyright © by Djambatan
Members of IKAPI
First edition 1982
Second edition 1985
Third edition 1987

ISBN 979 428 078 X

Dicetak pada PT Midas Surya Grafindo   Printed by PT Midas Surya Grafindo

Kata Pengantar

Ada saat-saat dalam hidup, seakan-akan lenyap
jarak antara langit dan bumi, dan terjelma
suatu paduan sempurna, lalu sekaligus
nyatalah makna kehidupan.

Begitulah perasaan manusia
bila pada suatu malam bulan purnama
mendaki anak tangga Borobudur;
candi Buddha yang Agung.

Borobudur terletak di tengah taman Pulau Jawa
dekat Yogyakarta, dilingkung gunung-gunung
berapi, megah menjulang dan menakjubkan.

Sebelas abad yang lalu seniman-seniman tak dikenal
menegakkan bangunan ini, dengan menyadari
tak akan mereka saksikan penyelesaiannya
tetapi yakin bahwa angkatan-angkatan mendatang
akan melengkapi dan mengagumi ciptaan mereka.

Persembahan karya ini merupakan penghormatan
kepada para pencipta candi yang mengagumkan
ini dan semoga kita tergugah untuk lebih
memahami makna serta menikmati keindahannya.

Preface

Some moments in life make one feel as if there were
no longer any distance between heaven and earth,
and in the creative blending into the whole,
the sense of life is being revealed.

Such an emotion is experienced when one ascends
the stairs of Borobudur, Buddhist marvel of stone,
in a full tropical moon-night.

Standing in "the garden of Java" near Yogyakarta,
surrounded by mighty volcanoes, Borobudur emerges
in all its splendour.

More than eleven centuries ago anonymous artists
started to construct an edifice fully realizing
that they would never see it finished,
but convinced that generations to come
would complete and honour their creation.

May this photographic excursion be a tribute
to the builders of this admirable monument
and inspire a greater appreciation of its beauty.

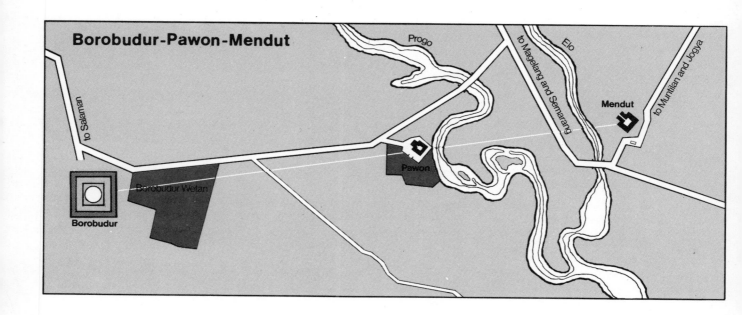

Mendut—Pawon—Borobudur

Tiga serangkai candi Mendut, Pawon dan Borobudur terbujur pada satu garis lurus, merupakan kesatuan perlambang.

Mendut yang tertua, dengan patung Buddha setinggi tiga meter, terpahat dari segumpal batu, sebagai pernyataan bakti kepada Sang Guru yang mengajarkan jalan pembebasan dari derita.

Kira-kira dua kilometer lebih jauh, setelah menyeberangi Sungai Elo dan Progo, terletak mustika arsitektur candi: Candi Pawon yang mungil, sebagai peristirahatan untuk mensucikan diri sebelum menginjak Borobudur.

Kemudian, seribu lima ratus meter dari Pawon, sampailah kita pada bukit pelataran batu berukir dengan beratus-ratus patung Buddha; itulah Borobudur.

Bila kita melangkah mengitari candi di antara dinding kutamara, angkasa menjadi langit-langit puri tempat memuja. Sambil menyusuri ukiran sepanjang dua setengah kilometer menanjak ke puncak suci, doa dan mantra diucapkan mendambakan kebebasan abadi.

Para pemuja yang ingin mencapai tingkat Bodhisattva, datang ke Mendut menyampaikan penghormatan kepada Buddha.

Tetapi Borobudur tiada lain merupakan batu perwujudan sembahyang dan doa, yang dipanjatkan lewat ukiran dan hiasan untuk mencapai tingkat kebuddhaan, pembebasan mutlak dari pengulangan kelahiran yang tak kunjung henti.

Mendut—Pawon—Borobudur

Standing in a straight row, the triad of monuments
Mendut, Pawon and Borobudur forms a symbolic
unity.

In the oldest of the three, the Mendut temple,
a three metre high statue of Buddha
carved from one piece of stone, represents
an imposing expression of homage
to the preacher of the faith of deliverance.

Less than two kilometres away, separated
by the rivers Elo and Progo, lies smaller Pawon,
a jewel of Javanese temple architecture.
In all probability this temple served as a stop
to purify the mind, prior to ascending Borobudur.

A mere fifteen hundred metres from Pawon,
a stone hill of terraces arises, Borobudur
with its hundreds of Buddhas.

When making the tour of the galleries
with their high-set balustrades
under the celestial canopy, one may imagine
being in a temple.
Saying one's prayers, passing along
the two and a half kilometres of reliefs
to the summit of the sanctuary,
resembles a passage along an altar
up to the hope for fulfilment.

The pilgrim or he who hopes to attain Buddhaship
(or Bodhisattva in Sanskrit),
enters Mendut in honour of Buddha.

Borobudur chandi, however, is like a prayer
attended by the rosary of reliefs and ornaments.
It rises to heaven towards the acquisition
of Buddhaship, the absolute deliverance
from the cycle of perpetual reincarnation.

*Mendut merupakan pangkal-mula tritunggal candi.
Walaupun ada ratusan patung Buddha
di Borobudur, tetapi yang paling mengesankan,
bersemayam di Candi Mendut ini.*

Mendut opens the triad of temples.
Although hundreds of Buddha statues are present
at Borobudur, the most impressive Buddha statue
is housed in this temple.

Patung Buddha setinggi tiga meter ini terpahat dari segumpal batu.

This three metre high Buddha is made out of one piece of stone.

Di antara Mendut dan Borobudur terletak sebuah karya arsitektur indah. Candi Pawon.
Mungkin candi ini dijadikan peristirahatan untuk mensucikan diri sebelum menginjak Borobudur.

Between Mendut and Borobudur stands Pawon temple, a jewel of Javanese temple architecture. Most probably, this temple served to purify the mind prior to ascending Borobudur.

Sebuah prasasti berasal dari abad sembilan diteliti oleh Prof. Dr. J.G. Casparis, menyingkapkan silsilah tiga wangsa Çailendra yang berturut-turut memegang pemerintahan: Raja Indra, putranya Samaratungga, kemudian putri Samaratungga Pramodawardhani.

Pada waktu Raja Samaratungga berkuasa, mulailah dibangun candi yang bernama: Bhumisam-Bharabudhara, yang dapat ditafsirkan sebagai Bukit Peningkatan Kebajikan, setelah melampaui sepuluh tingkat Bodhisattva.

After a ninth-century document was deciphered, Prof. Dr. J.G. Casparis determined the genealogical tree of three successive ruling Çailendra families. King Indra, his son Samaratungga and the latter's daughter Pramodawardhani.

During the reign of king Samaratungga it is said, a temple was begun, bearing the name of Bhumisam-Bharabudhara, which may be interpreted to mean the Mountain of the Accumulation of Virtue in the Ten Stages of the Bodhisattva.

Borobudur

Karena penyesuaian pada bahasa Jawa agaknya, akhirnya Bharabudhara menjadi Borobudur, penjelasan yang paling wajar diterima mengenai asal-usul nama candi ini.

Through adaptation to the Javanese language the name of Borobudur was probably derived from Bharabudhara, which might be the most plausible explanation of the origin of this name.

Buddha Gautama

Buddha Gautama

*Menurut keterangan sejarah, Buddha dilahirkan
pada tahun 560 sebelum Masehi,
sejaman dengan Kong Hu Chu (551—479 sM) dan
Pythagoras (580—500 sM).
Kecuali Buddha yang bersejarah ini,
disebut-sebut tiga Buddha legendaris mendahuluinya.
Adapun Buddha kelima bernama Maitreya
yang masih diharapkan kedatangannya.*

*Di taman Lumbini, di kaki pegunungan Himalaya,
kerajaan Sakya — Nepal sekarang — Buddha
dilahirkan. Ayahnya, Raja Suddhodana,
memberinya nama Gautama.
Tetapi para pengikutnya memberi nama
Siddharta, yang berarti: "dia yang telah
memenuhi takdirnya".*

*Tujuh hari kemudian meninggalkan Maya, ibunya.
Gautama dibesarkan oleh Prajapati, kakak ibunya,
yang diperisteri oleh ayahnya, Raja Suddhodana.
Buddha menikah dengan Yasodhara, saudara
sepupunya, dan lahirlah seorang putera, Rahula.
Namun, takdirnya menjadi Buddha nanti
tak terelakkan.*

*Empat pertemuan penting berpengaruh dan
menentukan hidup Buddha selanjutnya. Ketiga
pertemuan pertama ialah dengan orang
yang lanjut usia,*

Although no authentic biographies of the great
ancient founders of religion are available,
it may be assumed that the historical Buddha
was born in 560 BC, a contemporary of Confucius
(551-479 BC) and of Pythagoras (580-500 BC).
He is named the historical Buddha, as distinct
from three preceding legendary Buddhas,
whereas a fifth Buddha, bearing the name
of Maitreya, is still to come.

In the garden of Lumbini below the Himalayas
in the kingdom of Sakya (at present Nepal),
Buddha the Benevolent was born.
His father Suddhodana, Raja of the Sakyas,
gave him the surname of Gautama.
Buddha's followers, however, preferred to call him
Siddharta, which means
"he who has fulfilled his destiny".

Seven days after his birth his mother Maya died
and he was entrusted to the care of her sister
Prajapati, whom his father took as his wife.
Buddha married his cousin Yasodhara
who bore him a son, Rahula.
But there was no averting the destiny
to which the future Buddha was pre-ordained.

Four significant encounters decisively affected
his future life. The first three,
with an old man, a sick person and a corpse,

dengan orang yang sakit, dan kemudian dengan
jenazah manusia, membangkitkan kesadarannya
akan penderitaan duniawi. Pertemuan
yang keempat, dengan seorang rahib,
menyebabkan Buddha mengambil keputusan
untuk hidup mengembara, mencari jalan
guna membebaskan diri dari segala kesengsaraan.

Konon terjadi pada usianya yang kedua
puluh sembilan tahun — ditinggalkannya
kehidupan duniawi seorang putera mahkota.
Enam tahun lamanya ia mengembara menghayati
berbagai kesengsaraan, bersemadi dan mencari
kearifan. Tak puas dengan ajaran falsafah
para brahmana, akhirnya dalam kesunyian,
di bawah pohon Bodhi, Buddha memperoleh
Pencerahan.

Kiranya di Gaya, negara bagian Bihar di India
kini, tempat tumbuh pohon Bodhi — "pohon
kebenaran". Para penganut Buddha yang
berziarah ke sana menganggap Gaya sebagai
salah satu tempat yang paling suci.

Di Taman Rusa di Benares Buddha
menyampaikan Amanatnya yang termashur,
yang mencakup pokok-pokok ajarannya.

Empat puluh lima tahun hidupnya kemudian
digunakan Buddha seluruhnya untuk
mengamanatkan ajaran Dharma.
Pada usia delapan puluh tahun Buddha wafat
dalam kedamaian di Kusinagara, dekat Patna kini.

Demikianlah akhir hidup Buddha Gautama, yang
dapat dipandang sebagai salah seorang
Juru Penerang yang membangkitkan kehidupan
rohani dan menggugah kemanusiaan, dan ajarannya
memberikan ketenangan batin
bagi berjuta-juta manusia.

Pada dinding utama lorong pertama di Borobudur
tampak dua deret relief; deret atas
menggambarkan kehidupan Buddha sampai
Amanat pertama di Benares.

Sesuai dengan naskah Lalitavistara,
masa kehidupan ini diabadikan
dalam bentuk seratus dua puluh buah relief.

made him aware of the world's sufferings.
The fourth encounter, with a monk, made him
decide to continue his life as a roaming monk in
his quest to relieve the world of its sufferings.

And so it occurred that at twenty-nine years
of age, he renounced his princely life,
whereupon six long years of hardship, meditation
and pursuit of wisdom followed.

Finding no consolation in the philosophic system
of the Brahman ascetics Buddha attained
Benevolence in solitary seclusion, under the Bodhi
tree. This tree or "tree of wisdom" probably
stood in Gaya, in the present Indian state
of Bihar, Buddhist pilgrims consider Gaya
as one of their holiest places.

In the Park of the Gazelles near Benares
Buddha held his famous Sermon at Benares
which contains the principal doctrines of Buddhism

He devoted the remaining forty-five years
of his life entirely to preaching his faith
or Dharma. At the age of eighty Buddha laid his
body to eternal rest at Kusinagara, in the
neighbourhood of present Patna.

Around 450 BC life ended for Buddha Gautama,
who may be considered as one of the most
influential spiritual and moral leaders
ever to inspire mankind, for his doctrines
have given inner tranquillity
to millions of people.

The main wall of the first gallery of Borobudur
shows two series of reliefs, the uppermost
depicting Buddha's life until his first sermon
at Benares.

Taken from the Lalitavistara-manuscript this stage
of his life has been immortalized in stone at
Borobudur, subdivided into a number of
a hundred and twenty reliefs.

Maya, ibunda Buddha.   Buddha's Mother, Maya.

Arca Buddha di Candi Mendut bersemayam di antara dua Bodhisattva, yang ingin mencapai tingkat kebuddhaan.

Buddha's statue at Mendut temple between two Bodhisattvas, those, who hope to attain Buddhaship.

Sewaktu penyebaran agama Buddha berlangsung, terbentuk dua aliran mazhab. Hinayana atau Wahana Kecil, ialah mazhab yang lebih mengemukakan faham Buddha asli, dan Mahayana atau Wahana Besar, yang lebih luas maksud tujuannya.

Di Sri Lanka, Birma dan Siam, Hinayana berkembang dengan pesatnya, sedangkan Mahayana menyebar ke Nepal, Tibet, Mongolia, Cina, Korea, Jepang dan Indonesia.

Di Pulau Jawa, Mahayana melebur dengan aliran Tantra Hindu Jawa yang lazim menggunakan pengucapan mantra-mantra. Demikianlah terjadi aliran Tantra Buddha, sebagai latar belakang keagamaan Candi Borobudur.

As Buddhism spread, two clearly distinct schools of thought came into being: Hinayana or Small Vehicle, a major reflection of Buddhism in its original form, and Mahayana or Great Vehicle with a broader objective of Buddhism.

In Sri Lanka (Ceylon), Burma and Thailand, Hinayana fell on fertile soil, whereas Mahayana extended to Nepal, Tibet, Mongolia, China, Korea, Japan and Indonesia.

In Java, Mahayana Buddhism mingled with the Old Hindu-Javanese Tantrism in which reciting magic formulas was customary. Thus a Buddhist Tantrism developed which was to form the religious background of Borobudur.

Ketika mengucapkan amanat pertama di Benares, Buddha menampilkan sikap tangan ini.

During his first Sermon at Benares, Buddha assumed this posture.

*Buddha bersamadi di dalam gua,
di tengah alam.*

Seated in a cave and surrounded by nature,
Buddha meditates.

Sebatang tunas pohon Bodhi tempat
Buddha memperoleh Pencerahan pernah di-
hadiahkan kepada kuil Thuparama Dagaba
di Sri Lanka pada tahun 234 SM. Kiranya pohon
ini merupakan pohon bersejarah tertua di dunia.

Pada hari Waiçak — peringatan kelahiran Buddha —
di tahun 1934, seorang pendeta bernama Narada
Mahatera menanamkan cangkokan pohon ini
di sebelah Timur Candi Borobudur.

Kini, di bawah rindang bayangannya, bersemayam
sebuah arca Buddha. Pada perayaan Waiçak, para
penganut Buddha mengelilinginya, mengenangkan
Sang Guru dengan khidmat.

A cutting of the Bodhi tree under which Buddha
attained Benevolence, was presented
to the Thuparama Dagaba temple in Sri Lanka
in 234 BC. It is probably the oldest historical
tree in the world.

At the celebration of Buddha's birth —
Waiçaka — in 1934, a cutting of this Bodhi
tree was planted east of Borobudur by the
Buddhist priest Narada Mahatera.

Now a Buddha statue is placed in its shade,
and Buddha's followers during Waiçaka
celebrations commemorate their teacher here.

Penampang Candi Borobudur

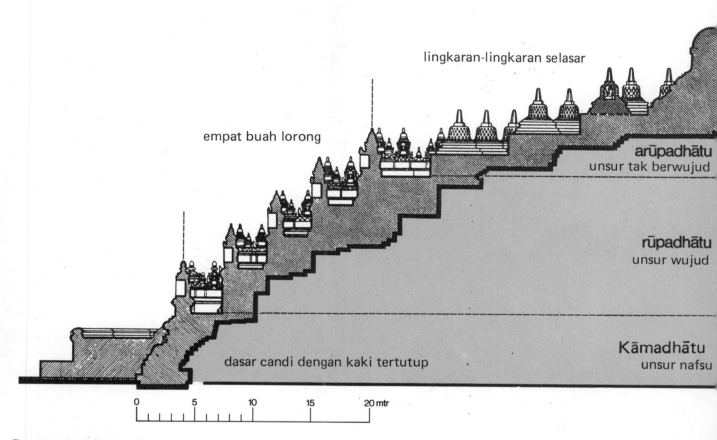

lingkaran-lingkaran selasar

empat buah lorong

arūpadhātu
unsur tak berwujud

rūpadhātu
unsur wujud

Kāmadhātu
unsur nafsu

dasar candi dengan kaki tertutup

0   5   10   15   20 mtr

Potongan Candi Borobudur

Konon Buddha menentukan bentuk dan tatanan stupa, dengan contoh melipat jubahnya, lalu meletakkan pinggan — yang biasa dipakai mengemis — di atasnya, kemudian dilengkapi dengan tongkatnya sebagai mahkota.

Demikianlah, petunjuk bagi Buddha ketiga ciri utama stupa, terdiri dari sebuah dasar persegi, tutup setengah bundar, dan puncak berbentuk bulat panjang.

Dinihari, sinar pertama matahari menampilkan siluet Borobudur. Tampak jelas pesona kontur stupa yang amat besar.

Ajaran Buddha membagi alam semesta menjadi tiga unsur, atau Dhātu dalam bahasa Sanskerta. Secara kosmografis susunan itu meliputi unsur Nafsu atau Kāmadhātu, unsur Wujud atau Rūpadhātu, dan unsur Tak Berwujud atau Arūpadhātu.

Para pendiri Borobudur tidak mengadakan pembatasan tajam antara ketiga dunia itu, melainkan meleburkannya menjadi kesatuan tunggal dan serasi, merupakan perwujudan arsitektur yang indah.

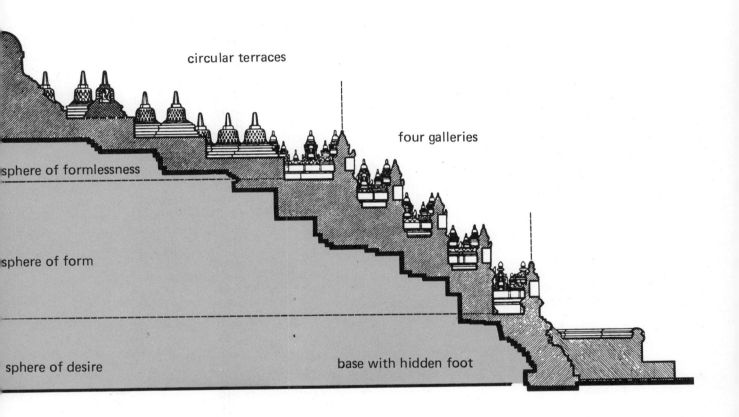

circular terraces

four galleries

sphere of formlessness

sphere of form

sphere of desire

base with hidden foot

Section of the Borobudur

Buddha is said to have determined the shape
and structure of a stupa by folding
his beggar cloth, placing his begging bowl on it
and completing it to perfection
by crowning the top with his stick.

In doing so, Buddha gave an indication
of the three essential aspects of a stupa,
which consists of a square base, a hemisphere
and a pinnacle.

At the break of dawn Borobudur is sharply
silhouetted, revealing the fascinating contours
of a stupa in huge dimensions.

Buddhism divides the world into three spheres,
named Dhātus in Sanskrit.
This cosmographic arrangement comprises
the sphere of Desire or Kāmadhātu,
the sphere of Form or Rūpadhātu
and the sphere of Formlessness or Arūpadhātu.

Since the Javanese builders of Borobudur
were adverse to making rigid demarcations,
these three spheres merged into one another
as a harmonious entity.
Architecturally they are portrayed
in a trully integrated and splendid manner.

Denah

lebar: 123 m

tinggi asli: 42 m

tinggi kini: 31,5 m

seluruh bahan termasuk dasar candi:
55.000 m³ batu andesit

504 patung Buddha
di antaranya 72 di dalam stupa berterawang
dan 432 dalam relung terbuka
pada 5 pagar-langkan yang terdapat di 4 lorong

tinggi patung Buddha 1,50 m

arūpadhātu:
72 stupa berterawang
1 stupa induk besar

rūpadhātu:
4 lorong dengan
1300 gambar relief
panjang seluruhnya 2,5 km
dengan 1212 panil berukir

kāmadhātu:
dasar candi dengan kaki tertutup
13000 m³ batu
dengan 160 relief tersembunyi

Plan

width: 123 mtr

original height: 42 mtr

present height: 31,5 mtr

used material including base:
55.000 mtr³ of andesite stone

504 Buddha statues
of which 72 in trellised stupas
and 432 in open niches
on 5 balustrades of the 4 galleries

height of a Buddha statue is 1,5 mtr

arūpadhātu
72 trellised stupas
1 large central stupa

rūpadhātu
4 galleries with
1300 picturial reliefs
with a total length of 2,5 km
and 1212 decoratieve panels

kāmadhātu
base and hidden foot
13000 m³ of stone
with 160 hidden reliefs

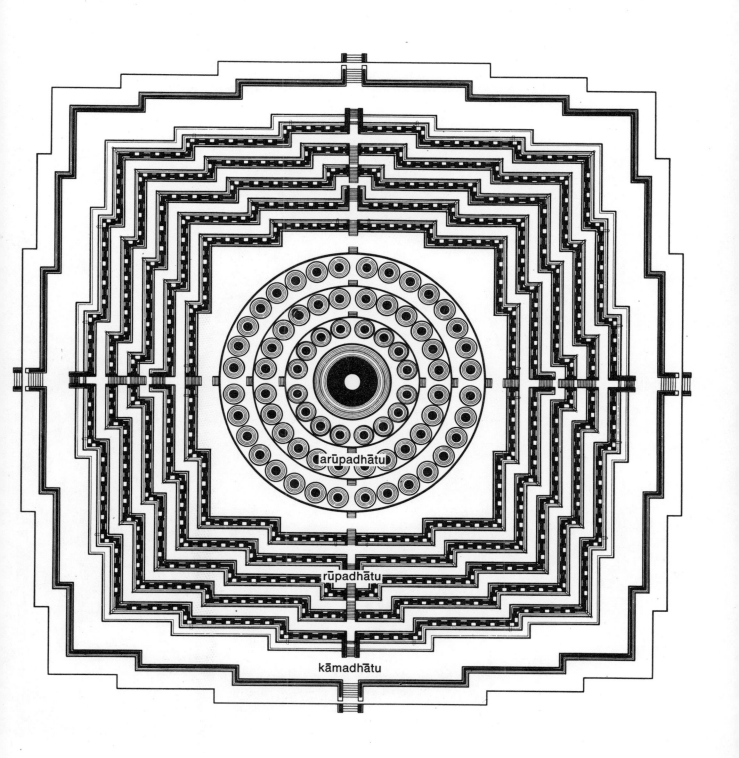

arūpadhātu

rūpadhātu

kāmadhātu

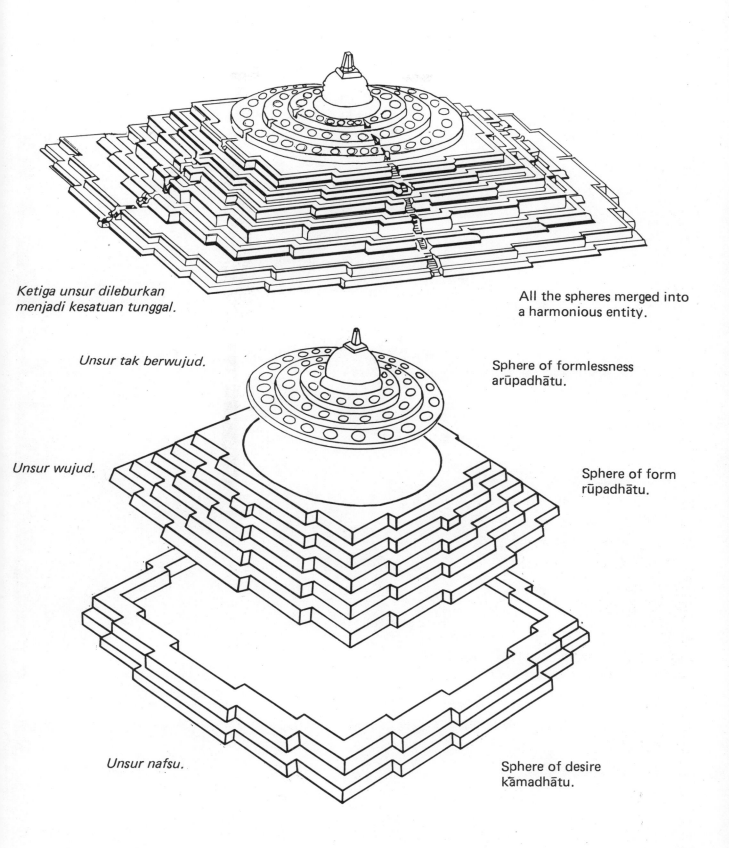

Ketiga unsur dileburkan menjadi kesatuan tunggal.

All the spheres merged into a harmonious entity.

Unsur tak berwujud.

Sphere of formlessness arūpadhātu.

Unsur wujud.

Sphere of form rūpadhātu.

Unsur nafsu.

Sphere of desire kāmadhātu.

Di sisi Selatan sebagian dari kaki candi tertutup, dibuka untuk pengunjung.

Part of the south side of the hidden foot has been uncovered for visitors.

Relief pada kaki tertutup menggambarkan ajaran perihal sebab dan akibat dari perbuatan baik dan jahat.

The reliefs of the hidden foot depicts the doctrine of cause and effect of good and evil.

*

*

Borobudur dapat didaki dari empat arah. Tetapi sesuai dengan urutan relief, gapura sebelah Timur dianggap sebagai gerbang utama.

One can ascend Borobudur from four directions. The eastern gate, however, is considered the main gate, because of the order of the reliefs.

Kāmadhātu

Unsur Nafsu.
Dasar candi yang lebar ini menutupi bagian kaki yang tersembunyi. Dibangun untuk menghindari kelongsoran, atau merupakan bagian dari rencana asli yang memberi makna khusus pada relief yang ditutup olehnya.

Sphere of Desire.
This broad base, covering the hidden foot, has been constructed either to prevent sagging or to form an integral part of the initial plan implying that the hidden sphere of Desire has a deeper symbolic meaning.

Bagian atas dasar candi di mana berakhir unsur Nafsu, dan dimulai unsur Wujud.

The sphere of Desire ends at the upper part of the base where the sphere of Form begins.

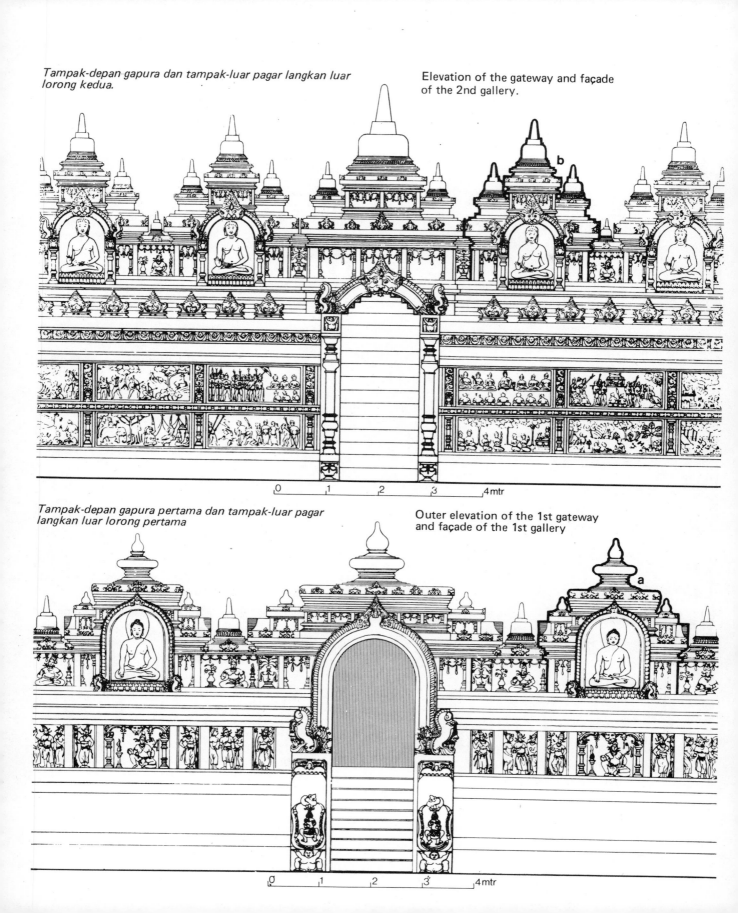

Tampak-depan gapura dan tampak-luar pagar langkan luar lorong kedua.

Elevation of the gateway and façade of the 2nd gallery.

Tampak-depan gapura pertama dan tampak-luar pagar langkan luar lorong pertama

Outer elevation of the 1st gateway and façade of the 1st gallery

Peralihan yang serasi dari unsur Nafsu ke unsur Wujud tampak jelas dari penyimpangan bentuk relung pagar langkan pertama.

One can recognize the subtle transition from the sphere of Desire to the sphere of Form by the difference between the shape of the niches at the first balustrade and those above.

Rūpadhātu

Unsur Wujud.
Lorong pertama dengan empat urutan relief pada dinding utama dan pagar langkan.

Sphere of Form.
The first gallery, which main walls and balustrades comprise four series of reliefs.

Lorong kedua, ketiga dan keempat masing-masing memuat dua urutan relief, yaitu pada pagar langkan dan pada dinding utama.

Each of the second, third and fourth galleries show two series of reliefs; of one at the side of the balustrades, the other along the main walls.

Dari 504 arca Buddha, 432 buah berada dalam relung-relung pada pagar langkan. Arca-arca Buddha menghadap setiap arah mata angin dengan sikap tangan yang khas.

Out of the 504 Buddha statues, 432 are accommodated in niches at the balustrades. These Buddhas have, to all four winds of Heaven, specific hand positions.

Keempat sikap tangan Buddha tampak pada empat pagar langkan. Tampak dari belakang sebuah relung sisi Selatan.

These different hand positions of Buddha are present at the first 4 balustrades. Shown here is a rear view of a southern niche.

Di atas gapura tampak kepala Kala.

Above the gates are the heads of monsters or kalas.

Tangga menuju pada Unsur Tak Berwujud.   Steps leading to the sphere of Formlessness.

Arūpadhātu

Unsur Tak Berwujud.
Lorong kelima menghubungkan unsur Wujud dengan unsur
Tak Berwujud. Dengan demikian dinding-dalam pagar
langkan tak memperlihatkan relief lagi.

Sphere of Formlessness.
The fifth gallery links the sphere of Form with the
sphere of Formlessness. Thus reliefs are absent at
the innerside of the balustrade.

Selasar persegi pada lorong-lorong yang melambangkan Bumi menjadi selasar melingkar yang melambangkan Langit.

Here one leaves the square terraces suggesting the Earth and enters the circular terraces symbolizing Heaven.

Di daerah tertinggi ini tidaklah wajar menampilkan arca Buddha. Maka 72 arca Buddha ditempatkan dalam stupa-stupa yang berterawang.

In this highest sphere too the depiction of Buddhas would actually be inappropriate. Therefore the 72 Buddhas have been put under trellised stupas.

Pada selasar melingkar pertama dan kedua, terawang stupa berbentuk belah ketupat, sedangkan pada teras tertinggi berbentuk bujur sangkar, yang melambangkan keseimbangan.

The gaps in the stupas of the first and second circular terraces are diamond shaped, whereas those at the highest terrace are rectangular, symbolizing Poise.

Urutan relief
Sequence of reliefs

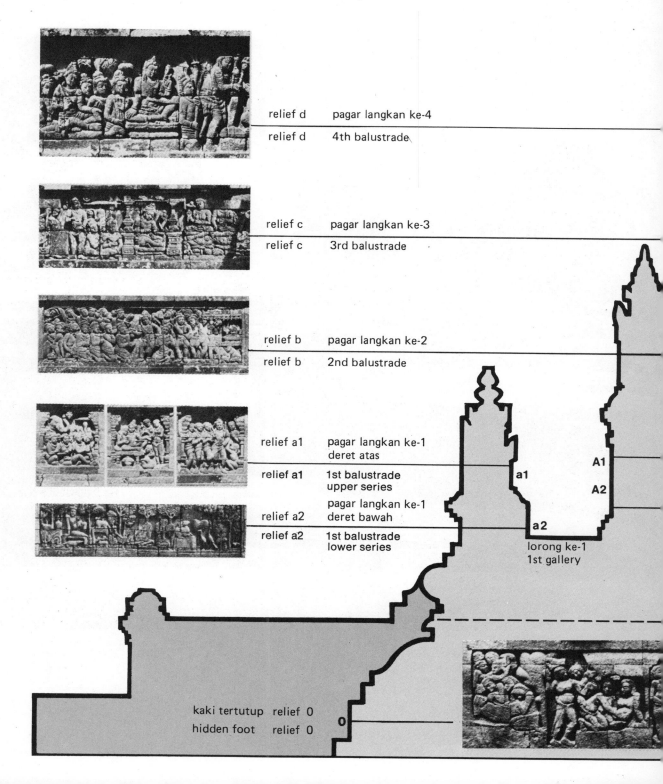

relief d   pagar langkan ke-4

relief d   4th balustrade

relief c   pagar langkan ke-3

relief c   3rd balustrade

relief b   pagar langkan ke-2

relief b   2nd balustrade

relief a1   pagar langkan ke-1
deret atas

relief a1   1st balustrade
upper series

pagar langkan ke-1
deret bawah

relief a2

relief a2   1st balustrade
lower series

a1

A1

A2

a2

lorong ke-1
1st gallery

kaki tertutup   relief 0

hidden foot   relief 0

O

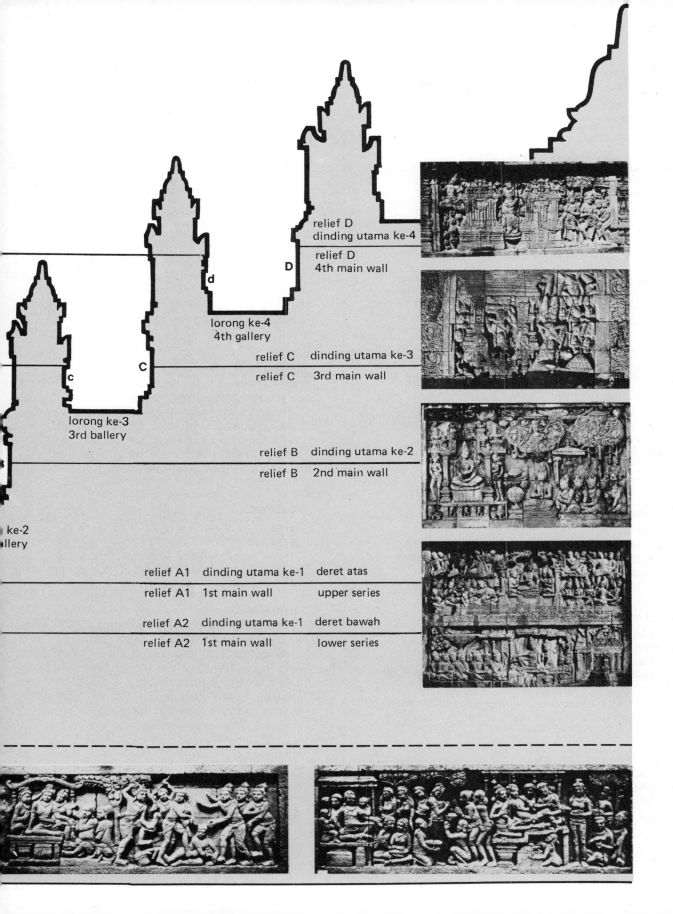

relief D
dinding utama ke-4

relief D
4th main wall

D

d

lorong ke-4
4th gallery

relief C   dinding utama ke-3

C

relief C   3rd main wall

c

lorong ke-3
3rd ballery

relief B   dinding utama ke-2

relief B   2nd main wall

ke-2
llery

relief A1   dinding utama ke-1   deret atas

relief A1   1st main wall   upper series

relief A2   dinding utama ke-1   deret bawah

relief A2   1st main wall   lower series

Isi relief

Karmawibhangga
Karmawibhangga ialah naskah yang menggambarkan ajaran sebab akibat perbuatan baik dan jahat. Deretan relief ini tidak tampak seluruhnya karena tertutup oleh dasar candi yang lebar. Hanya sebagian relief di sisi Selatan tampak terbuka bagi pengunjung.

Lalitavistara
Menggambarkan kehidupan Buddha Gautama sejak lahir sampai amanat pertama di Benares. Untuk melihat bagian ini diperlukan sekali berkeliling lewat lorong-lorong candi.

Jatakamala – Jataka
Jatakamala atau rangkaian Jataka merupakan kumpulan sajak, terdiri dari 34 Jataka. Ditulis oleh Aryaçara pada abad ke 4, Jataka menceritakan peristiwa dan perbuatan Buddha dalam kehidupannya yang lampau. Kisah-kisah reinkarnasi atau penjelmaan kembali ini dimaksudkan sebagai contoh-contoh pengorbanan diri.

Awadana
Sebenarnya Awadana merupakan Jataka juga, tetapi bukan Buddha yang berperanan utama. Perbuatan kehidupan lampau para Bodhisattva diungkapkan, dalam persiapan mencapai tingkat kebuddhaan.

Gandawyuha
Menurut pandangan agama Buddha, Gandawyuha merupakan naskah yang penting, mengisahkan Sudhana — putera seorang saudagar kaya — dalam tujuannya mencapai kebenaran ia berjumpa dengan beberapa Bodhisattva Maitreya — Buddha yang akan datang — dan Samantabhadra menjadi contoh hidupnya.

Bhadracari
Bhadracari, sebagai penutup Gandawyuha, menampilkan sumpah Sudhana untuk mengikuti Bodhisattva Samanthabhadra sebagai teladan.

Contents of the reliefs

Karmawibhangga
The Karmawibhangga is a manuscript describing the doctrine of cause and effect of good and evil. This series of reliefs is not visible as it is surrounded by the broad base. Only part of the south side is dismantled for visitors.

Lalitavistara
The life of Buddha Gautama from his birth until his first Sermon at Benares, is depicted here. Only one round along the terraces has been dedicated to this manuscript.

Jatakamala - Jataka
Jatakamala or Garland of Jatakas, is a collection of poems consisting of 34 Jatakas. Written by Aryaçara in the 4th century, these Jatakas contain stories about great deeds performed by Buddha in his former lives. These episodes of reincarnations serve as examples of self-sacrifice.

Awadana
Awadanas are actually Jatakas, in which Buddha is not performing the principal lead. They describe deeds accomplished by Bodhisattva in their former lives, preparing for Buddhaship.

Gandawyuha
In the Buddhist world, the Gandawyuha writing is considered most important. It describes Sudhana, son of a rich merchant, who in his aim to attain the highest Wisdom, meets several Bodhisattvas. Maitreya — the Future Buddha and Samantabhadra belong to these spiritual teachers.

Bhadrachari
Concluding the Gandawyuha — the Bhadrachari has been added to it — containing the pledge of Sudhana to follow the example of the Bodhisattva Samantabhadra.

Urutan keliling

Karmawibhangga

    relief 0   *Kaki tertutup*
                      Sisi Selatan terbuka
                      sebagian

Lalitavistara

    relief A1   *Langkah keliling ke-1*
                      Dinding utama
                      Lorong pertama
                      Deret atas

Jatakamala
Jataka
Awadana

    relief A2   *Langkah keliling ke-2*
                      Dinding utama
                      Lorong pertama
                      Deret bawah
    relief a1   *Langkah keliling ke-3*
                      Pagar-langkan pertama
                      Deret atas
    relief a2   *Langkah keliling ke-4*
                      Pagar-langkan pertama
                      Deret bawah
    relief b   *Langkah keliling ke-5*
                      Pagar-langkan kedua
                      Lorong kedua

Gandawyuha

    relief B   *Langkah keliling ke-6*
                      Dinding utama
                      Lorong kedua
    relief C   *Langkah keliling ke-7*
                      Dinding utama
                      Lorong ketiga
    relief c   *Langkah keliling ke-8*
                      Pagar-langkan ketiga
    relief d   *Langkah keliling ke-9*
                      Pagar-langkan ke-4
                      Lorong keempat

Gandawyuha
Bhadracari

    relief D   *Langkah keliling ke-10*
                      Dinding utama
                      Lorong keempat

Sequence of rounds

Karmawibhangga

    relief 0   Hidden foot
                      Partly dismantled
                      at the south side.

Lalitavistara

    relief A 1   1st Round
                      Main wall
                      First gallery
                      Upper series.

Jatakamala
Jataka
Awadana

    relief A 2   2nd Round
                      Main wall
                      First gallery
                      Lower series
    relief a 1   3rd Round
                      First balustrade
                      Upper series.
    relief a 2   4th Round
                      First balustrade
                      Lower series.
    relief b   5th Round
                      Second balustrade
                      Second gallery

Gandawyuha

    relief B   6th Round
                      Main wall
                      Second gallery.
    relief C   7th Round
                      Main wall
                      Third gallery.
    relief c   8th Round
                      Third balustrade.
    relief d   9th Round
                      Fourth balustrade.
                      Fourth gallery

Gandawyuha
Bhadrachari

    relief D   10th Round
                      Main wall
                      Fourth gallery.

Kāmadhātu

Apsara atau peri pada dinding dasar candi yang lebar.

Karmawibhangga

Relief pada kaki candi tertutup sebanyak 160 panil, menggambarkan Karmawibhangga, ialah ajaran perihal sebe dan akibat perbuatan baik dan jahat.

*

Sphere of Desire.

Apsara or nymphs on the main wall of the broad base.

Reliefs of the hidden foot depicting the doctrine of cause
and effect of good and evil, in 160 reliefs.

Kehidupan Buddha pada relief

Lalitavistara

Langkah keliling ke-1; Dinding utama, lorong pertama, deret atas.

The life of Buddha in reliefs

Lalitavistara

1st Round, First gallery, main wall, upper series.

Kelahiran Buddha sampai diucapkannya Amanat pertama di Benares, digambarkan dalam 120 relief.

Adegan ini merupakan petunjuk bagi peziarah waktu berkeliling sepuluh kali untuk mencapai Unsur Tak Berwujud. Adegan relief pertama, Buddha di Sorga Tusita.

The birth of Buddha until his first Sermon at Benares is depicted in 120 relief.

This episode provides guidance to pilgrims along the first ten rounds to reach the sphere of Formlessness. Here a detail of the very first relief of Buddha in the Tusita Heaven, before his appearance on Earth.

Buddha memberitahukan kepada dewa-dewa tentang niatnya mewujudkan diri ke dunia.

The Gods are informed by Buddha of his intention to manifest himself on Earth.

Puteri-puteri dewa menghadap permaisuri Maya.

The daughters of the Gods visiting Queen Maya.

Dalam mimpi Ratu Maya, seekor gajah putih masuk ke rahimnya.

In Queen Maya's dream a white elephant appears, entering her womb.

Ratu Maya mengundurkan diri ke hutan Açoka.

Queen Maya retreats to Açoka woods.

Diiringi dayang-dayang, Ratu Maya berangkat ke taman Lumbini. Setibanya di situ, di kaki pegunungan Himalaya, Buddha Sang Bijak dilahirkan.

Accompanied by her court, Queen Maya departs for Lumbini park.
Arriving at the foot of the Himalayas, she gives birth to Buddha the Benevolent.

Buddha menyampaikan cincinnya kepada Yasodhara, yang juga bernama Gopā. Yasodhara kelak melahirkan Rahula.

Buddha offers his ring to Yasodhara, also called Gopā. She will bear him a son, Rahula.

Dalam mimpi Raja Suddhodana melihat Buddha Gautama diiringi dewa-dewa meninggalkan istana tengah malam. Mimpi itu berakhir dengan pengembaraan Buddha sebagai seorang bikku, berpakaian pengemis.

Karena khawatir Buddha kelak tidak bersedia naik tahta, Raja Suddhodana mendirikan tiga buah istana. Masing-masing untuk musim panas, musim hujan dan musim dingin.

Wanita-wanita yang cantik jelita berusaha mencegah sang putera mahkota agar tidak meninggalkan istana itu, tapi takdir Buddha tak dapat dihalangi.

Empat pertemuan dengan orang-orang yang menderita sengsara mempengaruhi hidupnya kemudian.

In a dream Raja Suddhodana saw his son Buddha Gautama accompanied by Gods, leaving the palace in the middle of the night.
This dream ended with Buddha as a roaming monk in beggar's clothes.

Afraid that Buddha would not become successor to the throne, Raja Suddhodana had three palaces built. One was for the summer, another for the rainy season, and a third residence to spend the winter.
He provided women of rare beauty to prevent the young prince from leaving these palaces.

But there was no averting the destiny for which the future Buddha was pre-ordained.

Four significant encounters decisively affected his further life.

Dalam perjalanan menuju ke salah sebuah istananya, Buddha menjumpai kesengsaraan yang diperlihatkan oleh seorang tua yang miskin.

On his way to one of his palaces he learns about poverty through an encounter with a poor old man.

Perjumpaannya dengan orang sakit dan jenazah manusia mengungkapkan adanya berbagai jenis kesengsaraan.

The sight of a sick man and a corpse, makes him aware of greater forms of sufferings.

Pertemuan keempat dengan seorang pendeta membulatkan niatnya untuk meninggalkan kehidupan duniawi sebagai putera mahkota.

The fourth encounter with a monk, makes him definitely decided to renounce his princely life.

Tanpa diketahui oleh para pengawal istana yang tidur, Buddha Gautama meninggalkan kerajaan.

Unobserved by the sleeping guards of the palace, Buddha Gautama departs from his princely surroundings.

Dengan menunggang Kanthaka kudanya mulailah perjalanan pengembaraannya.

Riding his horse Kanthaka, he commences the great departure to his future life.

Upacara pemotongan rambut, suatu perlambang meninggalkan kehidupan duniawi.

Ceremony of hair-cutting, symbolizing the renouncement of worldly life.

Karena tidak puas akan tata filsafat para Brahmana, Buddha menyepi.

Finding no consolation in the philosophic system of the Brahman ascetics, Buddha retreats into solitude.

Mara yang jahat memerintahkan puteri-puterinya agar menggoda Buddha. Namun Buddha yang bersemadi di bawah pohon Bodhi, tetap tidak terusik.

The develish Mara orders his daughters to seduce Buddha. Undisturbed, however, Buddha continues meditating under the Bodhi tree.

Bodhisattva Buddha Gautama memperoleh Pengetahuan tertinggi.

As a Bodhisattva, Buddha Gautama, attains the highest Wisdom.

Tibanya di Benares, tempat Buddha menyampaikan khotbahnya yang terkenal.

Buddha's arrival at Benares, where he will preach his famous Sermon.

Sebelum Buddha menyampaikan khotbahnya yang pertama, para pengikutnya melakukan upacara pembersihan diri.

Respectful pupils of Buddha perform the bathing ceremony prior to his first Sermon.

Khotbah di Benares, yang memuat ajaran Buddha yang terpenting. Adegan ini mengakhiri langkah keliling pertama.

The Sermon at Benares, proclaiming the principal doctrine of Buddhism. Thus ends the first round.

Jatakamala
Jataka
Awadana

Langkah keliling ke-2, dinding utama. Lorong pertama, Deret bawah, 120 relief.

Sebanyaknya 720 Relief yang khusus menggambarkan ceritera Jataka dan Awadana dapat diikuti sambil langkah-keliling 4 kali.
Ketiga langkah-keliling yang pertama melewati lorong pertama, sedangkan langkah-keliling keempat menyusur lorong kedua. Jatakamala atau Rangkaian Jataka merupakan permulaan deretan adegan-adegan penjelmaan kembali Buddha dan Bodhisattva lainnya, sebagai contoh bagi peziarah.

2nd Round.
First gallery, main wall, lower series, 120 reliefs.

Divided over 4 rounds are 720 reliefs devoted to the Jataka and Awadana narratives.
The first three are on the first gallery; the fourth on the second gallery.
The Jatakamala or Garland of Jatakas starts the series of episodes of Buddha's reincarnations and other Bodhisattvas, later giving example to Buddhist pilgrims.

Langkah keliling ke-3, pagar langkan pertama, deret atas, 372 relief.

3rd Round, 1st balustrade, upper series, 372 reliefs.

Langkah keliling ke-4, pagar langkan pertama, deret bawah, 128 relief.

4th Round, 1st balustrade, lower series, 128 reliefs.

Langkah keliling ke-5, pagar langkan kedua, 100 relief.

5th Round, 2nd balustrade, 100 reliefs.

Gandawyuha
Bhadracari

Langkah keliling ke-6, dinding utama, lorong kedua, 128 relief.

Relief ini menggambarkan kehidupan Sudhana, putera saudagar kaya, menurut naskah Gandawyuha. Dalam mencari kebenaran tertinggi, ia menjumpai beberapa Bodhisattva, di antaranya Maitreya, yaitu Buddha yang akan datang kemudian, dan Bodhisattva Samantabhadra. Bahwa naskah ini penting sekali bagi para pendiri candi, ternyata dari 460 relief yang diwujudkan yang khusus disediakan untuk keperluan ini.
Dinding-dinding utama lainnya serta pagar-langkannya dimanfaatkan untuk penampilan ini.

6th Round, main wall of the second gallery, 128 reliefs.

These reliefs depict the life of Sudhana, son of a rich merchant, after the Gandawyuha manuscript.
In search of the highest wisdom, Sudhana meets several Bodhisattvas. Among his spiritual teachers are Maitreya, the Future Buddha, and Bodhisattva Samantabhadra.
How important this manuscript must have been to the builders of the Borobudur is clearly demonstrated by the 460 reliefs dedicated to them. The remaining main walls and balustrades are entirely reserved for them.

Langkah keliling ke-9. Pagar langkan keempat, 84 relief.   9th Round, fourth balustrade, 84 reliefs.

Langkah keliling ke-10. Dinding utama, lorong keempat, 72 relief.   10th Round, main wall of the fourth gallery, 72 reliefs.

Dinding utama lorong keempat.
Pada akhir ceritera Gandawyuha telah ditambahkan cerita lain Bhadracari. Tampak Sudhana mengucapkan sumpah untuk mencontoh Bodhisattva Samantabhadra.

Main wall of the fourth gallery.
Concluding the Gandawyuha — the Bhadrachari has been added to it — containing the pledge of Sudhana to follow the example of the Bodhisattva Samantabhadra.

Sikap tangan atau mudra terdapat pada arca-arca Buddha maupun dalam relief.

At the Buddha statues as well as in the reliefs hand positions or mudras are shown.

Sikap tangan Buddha

Sikap kedua belah tangan Buddha, atau Mudra dalam bahasa Sanskerta, memiliki arti perlambang yang khas. Ada enam jenis yang bermakna sedalam-dalamnya.

Mengenai patung-patung Buddha sebanyak lima ratus empat buah, dalam ikonografi — yang mempelajari dan menafsirkan arca tetap belum tercapai kata sepakat.

Penjelasan mengenai kuil Buddha ini dicari pada persamaan yang ditemukan antara susunan arca Buddha di Borobudur dan pada candi-candi di Tibet. Perbedaan yang tampak bahkan merupakan ciri khas penafsiran Buddha di Jawa.

Meskipun dapat mendaki Borobudur dari empat jurusan, jika disesuaikan dengan urutan relief, gapura timurlah merupakan pintu gerbang utama.

Ratusan patung Buddha dengan berbagai sikap tangan ditempatkan dalam relung-relung sepanjang lima lorong yang dibatasi oleh pagar-pagar-langkan. Keagungan irama tampak pada berbagai Mudra yang ditempatkan berurutan, merupakan tatanan yang tiada taranya.

Pada empat lorong pertama yang dibatasi pagar-langkan dapat dibedakan empat jenis Mudra. Buddha yang ditempatkan menghadap ke Timur menampakkan sikap tangan yang menyentuh Bumi sebagai Saksi, dalam bahasa Sanskerta disebut Bumisparça-mudra.

Sisi Selatan melambangkan Kedermawanan, atau Wara-mudra. Pada sisi Barat terdapat isyarat Semadi atau Dhyana-mudra, sedangkan di sisi Utara tampil sikap Ketidakgentaran atau Abhaya-mudra.

The hand positions of Buddha

The graceful hand positions of Buddha, mudras in Sanskrit, all have specifically symbolic meanings. Six mudras are depicted, the symbolic meaning of each position being well known.

In iconography, the description and interpretation of the five hundred and four Buddha statues of Borobudur still are a subject of controversy.

The explanation for this pantheon of Buddhas is sought in the resemblance between the arrangement of the Buddhas on Borobudur and those on Tibetan temples.

The differences, however, reflect the typical nature of the Javanese interpretation when depicting Buddhism.

Although one can ascend Borobudur from all four directions, the eastern gate is, according to the order of the reliefs, considered to be the main entrance.

Hundreds of Buddhas holding their hands in different positions are placed in niches along five balustraded galleries.

The stately rhythm in which the various mudras follow along consecutively creates a unique harmony.

On the first four galleries surrounded by balustrades are four different types of mudras can be distinguished. The hands of the Buddhas on the east side of Borobudur, call upon the Earth as Witness to his enlightenment, in Sanskrit Bhumisparça-mudra.

Those on the south side symbolise Charity, the Wara-mudra. Further west, comes the gesture of Meditation or Dhyana-mudra, whereas those to the north express Fearlessness, the Abhaya-mudra.

Bhumisparça-mudra

*Sikap tangan yang menyentuh Bumi sebagai Saksi,
terdapat di sisi Timur.*

One can find the hand position calling the Earth
as Witness at the east side.

Wara-mudra

*Sikap tangan ini melambangkan Kedermawanan,
terdapat di sisi Selatan.*

This hand position symbolizing Charity is located
on the south side.

Dhyana-mudra

Semadi diisyaratkan dengan sikap tangan ini, terdapat di sisi Barat.

Meditation is expressed through this hand position, which is found on the west side.

Abhaya-mudra

*Dengan sikap tangan ini Buddha mengisyaratkan
Ketidak gentaran. Terdapat di sisi Utara.*

The hands of Buddha simulating Fearlessness.
This statue is on the north side.

Sikap tangan yang menyatakan Akal Budi dalam salah satu relief.

The handposition signifying Reasoning expressed in one of the reliefs.

Seluruh pagar-langkan kelima menggambarkan Puncak, Zenith. Ke segala penjuru angin tangan Buddha mengisyaratkan Penalaran atau Witarka-mudra.

Mudra keenam tersembunyi di dalam stupa-stupa, menggambarkan Perputaran Roda Hukum atau Dharma, (Dharmacakara-mudra). Di Taman Rusa ketika Buddha menyampaikan Amanatnya yang pertama, konon sikap tangan inilah isyaratnya.

Jika berbagai sikap tangan atau mudra dihubungkan dengan pembagian kosmografis alam semesta, yaitu unsur Nafsu, unsur Wujud dan unsur Tak berwujud, tidaklah tepat menempatkan Buddha pada pagar-langkan pertama, yang merupakan sebagian dari unsur Nafsu. Tetapi pagar-langkan ini merupakan perbatasan dan peralihan ke unsur Wujud, sehingga dapat dibenarkan penempatan arca Buddha oleh para arsitek pribumi dalam relung-relung yang agak menyimpang bentuknya.

Pagar-langkan kelima memisahkan unsur Wujud dan unsur Tak Berwujud. Di sini berhubung tidak ada wujud, tak wajarlah ada patung Buddha.

Tetapi pada unsur tertinggi ini, penyelesaian yang cemerlang diperoleh dengan sekaligus menampilkan hadir dan tak hadirnya Buddha dalam stupa-stupa yang berlubang-lubang.

Keenam sikap tangan: Bhumisparça-mudra, Wara-Mudra, Dhyana-mudra, Abhaya-mudra, Witarka-mudra dan Dharmacakara-mudra, membuka tabir rahasia yang tak terungkapkan pada wajah Buddha.

The entire fifth balustrade represents the Zenith. To all four winds of heaven the hands of Buddha signify Reasoning or Witarka-mudra.

The sixth mudra, reflecting the Turning of the Wheel of Law - Dharmacakara-mudra, is hidden in stupas. During his first sermon in the park of the Gazelles at Benares, Buddha assumed this posture.

Should a connection be sought between the six and the cosmographic division — the sphere of Desire, the sphere of Form and the sphere of Formlessness — then the placing of Buddhas on the first balustrade, forming part of the sphere of Desire, would be incorrect.

But as this balustrade also constitutes a smooth transition to the sphere of Form, being the appropriate sphere in which to place statues, the Javanese architects placed the Buddhas there, in niches differently arranged.

The fifth balustrade separates the sphere of Form and the access to the sphere of Formlessness. Here too the depiction of Buddhas in the sphere of Formlessness would actually not be applicable.

Nevertheless, an ingenious solution was found to demonstrate the presence and non-presence of the Buddhas in the highest sphere, by putting them under trellised stupas.

The six positions of the hands — Bhumisparça-mudra, Wara-mudra, Dhyana-mudra, Abhaya-mudra, Witarka-mudra and Dharmacakara-mudra, reveal the mystery which Buddha's serene face conceals.

Witarka-mudra

Pada pagar-langkan kelima, terdapat arca Buddha dengan sikap tangan yang mengatakan Akal Budi, yang ditunjukkan pada keempat arah mata angin.

To all four winds of Heaven on the fifth balustrade the hands of Buddha signify Reasoning.

Dharmacakara-mudra

Pemutaran Roda-Dharma yang digambarkan dengan sikap tangan ini melambangkan amanat pertama yang disampaikan Buddha.

During Buddha's first preaching he expressed the Turning of the Wheel of Law with this hand pose.

Patung yang sering dibicarakan ialah patung
Buddha yang tak selesai, ditemukan dalam
stupa induk. Pada awal abad ini patung
tersebut dipindahkan ke sebelah Utara candi.

A much discussed statue is the unfinished
Buddha found in the main central stupa.
In the early part of this century it was
transferred to the north side
of Borobudur.

Buddha untuk memohon.
Salah satu patung Buddha dalam stupa berterawang telah membawakan mitos. Jika kita berhasil menyentuhnya, keinginan apa saja yang kita ucapkan, akan terkabul.

The wishing Buddha.
Around one of the Buddhas in the trellised stupas a myth has been woven. He who can touch the fingertips of this Buddha is granted a wish, which shall come true.

Pada tahun 1815 Sir Thomas Stamford Raffles menugaskan H.C. Cornelius mengadakan penyelidikan terhadap candi dengan seribu arca Buddha. Ukiran ini merupakan hasil karya pada masa penemuan kembali Borobudur.

Sir Thomas Stamford Raffles commissioned H.C. Cornelius in 1815 to institute investigations about the Temple of the Thousand Buddhas. This engraving dates from the time of rediscovery of Borobudur.

Masa lalu dan penemuan candi

Setelah selesai dibangun, selama seratus lima puluh tahun, Borobudur merupakan pusat ziarah megah bagi penganut Buddha. Tetapi, dengan runtuhnya kerajaan Mataram sekitar tahun 930 M, pusat kekuasaan dan kebudayaan pindah ke Jawa Timur dan Borobudur pun hilang terlupakan.
Karena gempa letusan gunung Merapi, candi itu melesak mempercepat keruntuhannya, sedangkan semak belukar tropis tumbuh menutupi Borobudur, pada abad-abad selanjutnya lenyap ditelan sejarah.

Memang pernah dalam abad ke-18 Borobudur disebut-sebut dalam salah satu kronik Jawa, Babad Tanah Jawi. Pernah juga disebut dalam naskah lain, yang menceritakan seorang pangeran Yogya yang mengunjungi gugusan seribu patung di Borobudur. Suatu petunjuk bahwa bangunan candi itu ternyata tidak lenyap dan hancur seluruhnya.

Oblivion and discovery

During the first hundred and fifty years of its existence, Borobudur was a magnificent Buddhist pilgrimage centre. However, with the fall of the kingdom of Mataram around 930 AD, political and cultural life moved to Eastern Java, and Borobudur dropped into the background. Sinking caused by volcanic eruptions precipitated its decay, while the overgrowth of tropical vegetation added to Borobudur's decline into oblivion for centuries.

It is true that in the eighteenth century it was referred to in a Javanese chronicle, the Babad Tanah Djawi. It is also described in another manuscript, that around 1758 a Yogya prince had paid a visit to the thousand statues of Borobudur. This proves that the monument was even then not completely obliterated.

Tetapi baru pada masa pemerintahan Inggris yang singkat di bawah Sir Thomas Stamford Raffles, Borobudur dibangkitkan dari tidurnya. Raffles, seorang pengagum sejarah dan kebudayaan pribumi, meletakkan dasar-dasar bagi penyelidikan purbakala. Pada tahun 1815 ditugaskanlah H.C. Cornelius, seorang perwira zeni, agar mengadakan penyelidikan.

Lebih dari dua ratus orang pekerja, selama empat puluh lima hari menebang pohon, membakar semak belantara dan membuang tanah timbunan. Barulah mulai dibuat laporan dan gambar-gambar bangunan.

Kegiatan-kegiatan lain dilanjutkan kemudian, dan pada tahun 1835 bentuk susunan Borobudur mulai terungkap. A.Shaefer, seorang seniman Jerman yang pertama-tama menggambar menggunakan tehnik fotografi yang disebut daguerrotype.

Kurang lebih lima ribu gambar diperlukan untuk menyusun suatu dokumentasi lengkap, suatu proses cukup mahal sehingga segera ditinggalkan. Sebagai gantinya F.C. Wilsen mendapat tugas membuat gambar-gambar seluruh relief, yang dikerjakannya dari tahun 1849 sampai 1853, dengan bantuan Schönberg Mulder.

Dua puluh tahun kemudian, tahun 1873, hasil karyanya tampil dalam monografi pertama mengenai Borobudur karangan C. Leemans, direktur Museum Purbakala di Leiden, dalam kerja sama dengan J.F.G. Brumund.

Pada tahun itu juga ahli fotografi terkenal I. Van Kinsbergen mendapat tugas membuat foto-foto Borobudur. Untuk melakukan tugasnya sebaik mungkin, ia melakukan beberapa kegiatan, dan akibatnya dua ratus relief yang tertimbun dapat dibebaskan.

Penemuan yang mentakjubkan ialah berupa kaki candi yang tersembunyi, oleh J.W. IJzerman pada tahun 1885. Ketika membuka dasar candi yang lebar, dijumpailah sejumlah relief. Antara tahun 1890 dan 1891 bagian tersembunyi itu dibuka seluruhnya, kemudian dibuat foto oleh Cephas untuk dokumentasi, lalu ditutupi kembali. Hal itu berarti pemindahan dan penempatan kembali batu-batu sejumlah 13.000 meter kubik.

Bagian Borobudur yang penting ini, yang sampai saat itu tak dikenal orang ternyata menggambarkan unsur Nafsu. Seratus enam puluh buah panil

However, it was during the brief British administration under Sir Thomas Stamford Raffles that Borobudur was awakened from its slumber. Raffles, a great admirer of the history and culture of the country, laid the foundation for actual archaeological research. In 1815 he commissioned H.C. Cornelius an officer of the Royal Engineers, to institute investigations.

More than two hundred labourers were occupied for forty-five days felling trees, burning undergrowth and brushwood and removing the earth which buried the historic temple. Only then could a start be made on research and reconstruction plans.

Activities were continued later on, and in 1835 the dimensions of structure of Borobudur were approximately known. A german artist, A. Shaefer, made the first daguerrotype photos.

Some five thousand pictures were deemed necessary for a complete documentation, an expensive process, which consequently was soon abandoned. Instead, F.C. Wilsen was given the task to make drawings of all reliefs, which work was carried out from 1849 to 1853, with the assistance of Schönberg Mulder.

Twenty years afterwards, in 1873, his work appeared in the first monograph on Borobudur composed by C. Leemans, director of the Museum of Antiquities at Leyden, in co-operation with J.F.G. Brumund.

In the same year the renowned photographer I. Van Kinsbergen was assigned to take photographs of Borobudur. During the course of his work he conducted certain operations, which led to the disclosure of two hundred buried reliefs.

A further surprising find was the discovery of the hidden base by J.W. IJzerman in 1885 when in partly dismantling the broad base of the monument, reliefs were laid bare. In 1890 - 1891 this concealed section was entirely revealed, photographed by Cephas for documentary purposes, and then covered again entailing the removal and replacing of about 13.000 cubic metres of stone.

This important aspect of Borobudur, which for so long had been hidden from view, reflected the sphere of Desire. The hundred and sixty panels

menampilkan Karma, ajaran perihal sebab dan akibat perbuatan baik dan jahat yang tercantum dalam Karmawibhangga.

Relief-relief ini ternyata tidak selesai, tetapi ada tulisan yang memberi petunjuk bagi pemahat, sehingga dapat ditentukan dengan tepat bilamana candi itu didirikan.

Dasar candi yang lebih lebar dan dibangun kemudian menjadi bahan persoalan bagi para sarjana. Apakah dasar candi itu dibangun untuk menghindarkan kelongsoran dan melesaknya bangunan, ataukah termasuk rencana asli, menutup unsur Nafsu yang tersembunyi sehingga memperoleh makna yang lebih dalam lagi.

Maka pada abad ke sembilan belas kebisuan Borobudur berakhir seperti lenyapnya mimpi yang sekian lama mencekam. Keindahannya yang anggun dan keagungan maknanya menarik para sarjana. Menyelami rahasia bangunan batu ini menjadi tugas mereka selanjutnya.

Banyaklah diterbitkan karya perihal Borobudur seperti misalnya"The History of Java" oleh Sir Thomas Stamford Raffles, "History of the Indian Archipelago" oleh John Crawfurd, dan seperti tersebut terdahulu "Monografi Borobudur" oleh Dr. C. Leemans dan J.F.G. Brumund.

Beberapa sarjana lain mencoba menafsirkan relief. S. van Oldenberg mengenal ukiran-ukiran pada pagar langkan sebagai kisah penjelmaan kembali Buddha menurut cerita Jatakamala. C.M. Pleyte berjasa pula mengenal relief deret atas dinding utama lorong pertama sebagai kisah Lalitavistara.

Pengetahuan Dr. H.Kern yang mendalam tentang bahasa Kawi, ternyata amat berguna. A. Foucher pun perlu disebut, karena pengenalannya yang lebih mendalam mengenai makna keseluruhan candi.

depict the Karma, the doctrine of cause and effect good and evil as stated in the Karmawibhangga.

These reliefs appeared to be unfinished, but the inscriptions included instructions for the sculptors and thus the period in which the temple was built was ascertained.

The broad covering base dating from a later era became a controversial subject to scientists. It was constructed either to prevent subsiding and shifting or to form an integral part of the initial plan implying that the hidden sphere of Desire would assume a deeper significance.

For the Borobudur the nineteenth century marked the end of a prolonged silence. Its serene beauty and sublime significance attracted many men of learning, who made it their task of life to unveil this mystery in stone.

Many theories and works were written on the subject, such as Sir Thomas Stamford Raffles' 'The History of Java'; John Crawfurd's 'History of the Indian Archipelago' and 'The Borobudur Monograph' by Dr. C. Leemans and J.F.G. Brumund as mentioned earlier.

Other scientists were occupied with the interpretation of the reliefs. Thus S. van Oldenberg recognised in the depictions on the balustrades stories about the reincarnations of Buddha after the te   f the Jatakamala tales.

Thanks to   Pleyte the reliefs of the upper series on th   ain wall of the first gallery, have come to be known as the life of Buddha in conformity with the text of the Lalitavistara.

Dr. H. Kern's knowledge of the Old Javanese language proved to be invaluable in this work. Furthermore A. Foucher may be mentioned for hi contribution to acquire a better insight

*

Demikian juga Dr. J.L.A. Brandes, ahli purbakala terkenal, dengan pengetahuannya yang terperinci tentang Borobudur.

Tetapi baru pada awal abad kesembilan belas tercetus gagasan pemugaran candi.

into the nature and significance of the whole structure, and the same applies to Dr. J.L.A. Brandes, the famous archeologist, for his excellent detailed acquaintance with Borobudur. But reconstruction would actually only be contemplated at the beginning of the next century.

Ir. Th. van Erp merintis pemugaran candi Borobudur telah memulihkannya pada arsitekturnya yang khas.

Ir. Th. van Erp, who pioneered the restoration, recovered its characteristic architecture.

Pemugaran pertama

Karena keadaan Borobudur kian memburuk,
maka pada tahun 1900 dibentuklah suatu panitya
khusus, diketuai Dr. J.L.A. Brandes.

Seorang anggota panitya, perwira zeni Letnan I
Ir. Th. van Erp, akan memegang peranan istimewa
dalam pemugaran. Khususnya mengembalikannya
pada bentuk dan gaya semula tersebut.

Sangat disayangkan bahwa Dr. J.L.A. Brandes, tidak
sempat menyaksikan awal mula kegiatan pemugaran.
Ia meninggal pada tahun 1905, namun laporan
bersama yang disusunnya pada tahun 1902
membuahkan rancangan pemugaran, yang dimulai
pada tahun 1907. Pekerjaan besar ini berlangsung
selama empat tahun. Biaya diperkirakan fl. 100.000,—
Sepersepuluhnya digunakan untuk keperluan
pemotretan.

Pada tahun 1911, malahan sebelum Dinas Purbakala
didirikan, Borobudur telah menjulang kembali
dengan megahnya. Setengah abad berlangsung
sebelum perlu diambil tindakan lagi untuk mencegah
kerusakan berikut.

Borobudur, setelah mengalami pemugaran kembali
pada bentuknya semula, mengundang berbagai ahli
untuk menyingkap tabir rahasia, mencari penjelasan
mengenai beribu relief yang belum dikenal arti
maksudnya, pun penempatan arca-arca Buddha serta
penafsirannya.

Karya N.J. Krom dan Th.van Erp menjelaskan
berbagai masalah. Dr. W.F. Stutterheim, ahli
purbakala yang cemerlang dan memiliki pengetahuan
mendalam tentang kebudayaan Jawa, berkat
hubungan pribadi dengan Mangkunegara VII, tidak
menyetujui pendapat yang lazim dianut hingga saat
itu, bahwa pengaruh India mendominasi Borobudur.

Perlu disebutkan Dr. F.D.K. Bosch, dengan penge-
tahuan mendalam tentang simbolik, menimbulkan
minat baru pada tanggapan hidup yang telah surut.
Dr. A.J. Bernet Kempers menekankan arti sejarah
kebudayaan Borobudur. Dalam suatu tulisannya
yang baru, ia menyebut relief sebagai adegan abadi
"perwujudan sejarah kebudayaan adat dan kebiasaan
Jawa Kuno" yang dipentaskan kembali.

First restoration

Since the condition of Borobudur had deteriorated
considerably, a special committee was formed
in 1900, led by Dr. J.L.A. Brandes.

A co-member of this committee, first lieutenant
of the Netherlands Royal Engineers, Ir. Th. van Erp,
was to play a unique part in the restoration of the
monument in general, and in the effort to return it
to its initial form and character in particular.

Most unfortunately Dr. J.L.A. Brandes was not to
witness the commencement of the restoration which
he planned for 1902.
Actual renovation began in 1907, two years
after his death.
This ambitious work was to take four years.
The eventual costs were slightly under
N.Fl 100,000.-, one tenth of which was spent
for photographic purposes.

In 1911, even before the Archaeological Service
was instituted, Borobudur had risen again,
in all its splendour. Half a century was to pass
before special attention was again required
owing to continuous deterioration.

The restored Borobudur attracted various experts
who endeavoured to fathom its secrets,
to find answers to the thousand and one
yet unrevealed meanings of the reliefs and the
interpretation of the placement of the Buddhas.

Works of N.J. Krom and Th. van Erp brought
many aspects to light. Dr. W.F. Stütterheim,
the brilliant archaeologist, who came to acquire
a thorough knowledge of and feeling for Javanese
culture owing to his personal friendship
with His Highness Mangkunegara VII,
disproved the thesis accepted at that time that
Indian influences were predominant with Borobudur.

Mention should also be made of Dr. F.D.K. Bosch,
whose intimate acquaintance with symbolism
revived interest in the largely forgotten concept
of world contemplation. Dr. A.J. Bernet Kempers
has emphasized the cultural-historic significance
of Borobudur. In a recent publication he termed
the many scenes immortalized in the reliefs
'a pictorial cultural history
of Ancient Javanese life and customs'.

Aneka unsur dari relief merupakan suatu ensiklopedi mengenai
kehidupan dan kebiasaan Jawa kuno dalam lingkungannya.
Di sini ditampilkan berturut-turut: para pemain musik,
penari, tukang pijat, adegan berburu, perayaan, seorang
pengasuh dan bayi, balatentara, sekelompok wanita, apsara,
pemujaan dan candi.

The details of the reliefs form an encyclopaedia of impressions from the Old Javanese way of life in their natural surroundings. Here are respectively depicted: Musicians, dancers, massage, hunting, festivity, a nurse and child, army, women, nymph, worshiping and a temple.

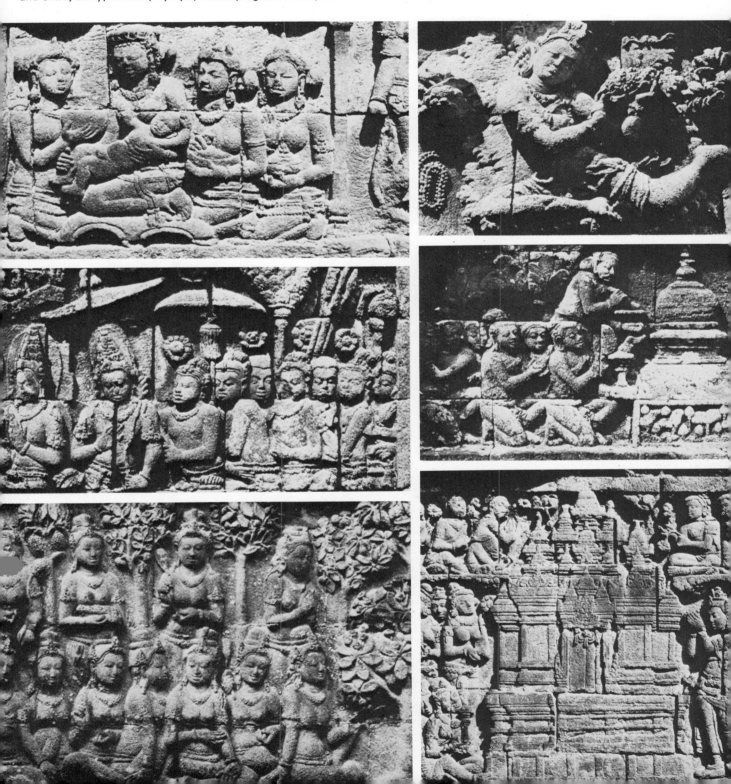

Beranekaragam adegan ditampilkan pada relief : seorang pendeta di hutan, Buddha dekat kolam, ornamen corak singa, seekor gajah, kepala kala, desa dengan pendudukny pengusung tandu, perjalanan naik kuda dan naik kapal.

Multiple subjects are presented in the reliefs.
One can see here; a priest in the woods, Buddha near a pond,
a relief showing a lion's figure, an elephant, head of a monster, a village and its people,
bearers, transportation on horseback and a ship.

Jika tidak segera diambil tindakan, kerusakan lebih lanjut merupakan malapetaka.

If no measures will be taken in due time, renewed dilapidation could become catastrophical.

Pemugaran kedua

Dua kali perang dunia, masa pendudukan, dan masa perang kemerdekaan diatasi Borobudur dengan tenang. Tetapi bahaya lain mengancam. Proses alam dan kimiawi merupakan musuh-musuh terbesar.

Atas undangan Republik Indonesia yang baru, pada tahun 1948 dua ahli purbakala India mengadakan penyelidikan. Karena pengaruh kelembaban, relief dan arca-arca telah rusak.

Suatu permohonan pada Unesco diajukan untuk memperoleh nasehat para ahli. Almarhum Prof. Paul Coremans menyusun suatu laporan dan mendukung pengiriman beberapa anggota Dinas Purbakala untuk belajar di Eropa dan Amerika.

Proses melesaknya Borobudur berlangsung sedemikian cepatnya sehingga kedua sisi candi dikhawatirkan akan runtuh. Jika benar-benar terjadi ini akan merupakan malapetaka.

Oleh Menteri Pendidikan dan Kebudayaan tahun 1965 Ny. Artati Soedirdjo, diambillah tindakan untuk menghindarkan bahaya yang dikhawatirkan itu.

Di bawah pimpinan Prof. Dr. Soekmono, Kepala Dinas Purbakala, pagar langkan sisi Utara dan Selatan mengalami pembongkaran sebagian. Sekali lagi didirikan panitia khusus untuk pemugaran Borobudur.

Untuk mengetahui sebab dan hal-ihwal melesaknya candi, diperlukan pendapat para ahli. Unesco dihubungi lagi. Seorang geolog terkemuka, Prof. Dr. C. Voûte, dibantu para ahli Indonesia menyusun laporan yang menggerakkan pelaksanaan rancangan pemugaran.

Second restoration

Two world wars, a period of enemy occupation and a revolution to secure independence went by ignoring Borobudur, but other dangers threatened its existence. Chemical and natural processes appeared to be its most destructive foes.

At the invitation of the young Republic, two Indian archaeologists conducted research as far back as 1948. The reliefs and statues had fallen into decay, because of dampness.

The Indonesian government made to Unesco an application for further expert advice. The late Prof. Paul Coremans delivered a report and stimulated a number of staff members of the Indonesian Archaeological Service to study in Europe and America.

By then, however, sagging of the walls was accelerating at such a rate as to threaten two sides of Borobudur with collapse. The result would have been catastrophic.

Mrs. Artati Soedirdjo, former Minister of Education and Culture, was responsible for taking measures to avert this impending danger.

Under the guidance of Prof. Dr. Soekmono, head of the Archaeological Service, the northern and western balustrades were partly dismantled forthwith. And again a special committee for the preservation of Borobudur was established.

Political turbulences were, however, to cause a delay at the beginning of this second large scale restoration.

To be able to ascertain the cause and nature of this sinking expert advice was deemed necessary, and for the second time an appeal was made to Unesco. Prof. Dr. C. Voûte, a famous geologist assisted by Indonesian and other experts, submitted a report which provided impetus.

Untuk menghindarkan bahaya keruntuhan, pada tahun 1
pagar langkan sisi Utara dan Barat dibongkar sebagian.
Terlebih dulu arca-arca Buddha diselamatkan.

To prevent the danger of collapse part of the north and west balustrade were dismantled in 1965.
The Buddha statues had to be taken into safety.

Suatu resolusi Sidang Umum Unesco memberi wewenang kepada Direktur Jendral, R. Maheu, untuk mengumpulkan dana. Negara-negara penyumbang diminta bantuannya untuk proyek pemugaran. Rencana ini disetujui seluruh dunia. Di negeri Belanda pengagum Borobudur malahan mendirikan yayasan "Stichting Behoud Borobudur", dengan Pangeran Bernhard sebagai pelindungnya.

Bulan Juni 1971 suatu badan pemugaran dibentuk, dipimpin oleh Prof. Ir. R. Roosseno. Sebulan kemudian Unesco secara resmi menunjuk Prof. C. Voûte sebagai koordinator.

Oleh "The Netherlands Engineering Consultants" (NEDECO) yang diketuai Ir. C.C.T. de Beaufort, disusun suatu laporan terperinci mengenai pemugaran yang memerlukan biaya sebesar US $ 7.750.000,— dan pekerjaan akan berlangsung sekurang-kurangnya enam tahun.

Dr. G. Hyvert, seorang ahli preservasi batu diundang untuk memecahkan persoalan rusaknya relief dan arca. Perhatian khusus akan dipusatkan pada sistem penyaluran air, pun penyelidikan luas dan mendalam direncanakan untuk membasmi gangguan pada batu. Prof. Bernard P. Groslier, ahli purbakala ternama, yang peranannya tak dapat dipisahkan dari pemugaran Angkor Vat di Kamboja, dihubungi pula.

Pada tahun 1973 nasib dan hari depan Borobudur telah ditentukan. Di samping berlangsungnya kegiatan pemugaran, para pengunjung tetap dapat meninjau bangunan dan mengagumi panorama stupa-stupa dan selasar dari puncak candi.

A resolution of the General Assembly of Unesco authorised the Director General, Mr. R. Maheu to raise funds. The contributing nations were asked to support this restoration project. All over the world this plan met with approval. In the Netherlands ardent admirers of Borobudur even proceeded to establish a foundation named 'Behoud Borobudur' (Preserve Borobudur) under the patronage of the Prince of the Netherlands.

In June 1971 a body for the restoration of Borobudur, under the chairmanship of Prof. Ir. R. Roosseno was formed. A month thereafter Unesco officially appointed Prof. C. Voûte as co-ordinator.

The Netherlands Engineering Consultants (NEDEC directed by Ir. C.C.T. de Beaufort made a very comprehensive report according to which this restoration would cost US$ 7.750.000,— and the time required was estimated to be at least six years.

Dr. G. Hyvert, an expert in the field of stone preservation, was invited to solve the serious problem of damage to the reliefs and statues. Special attention will, therefore, also be given to the system of drainage and an exhaustive research be conducted into the repression of stone diseases. Prof. Bernard P. Groslier, the renowned archaeologist, whose name is inseparably associated with Angkor Vat in Cambodia, was consulted.

1973 was the year of decision for the future of Borobudur. Despite all activities, visitors will, nevertheless, be able to view the monument and continue admiring the wonderful scene of the stupas and terraces from its summit.

Prof. Roosseno mengunjungi perpustakaan Koninklijk Instituut voor Taal-, Land- en Volkenkunde di Leiden. Keretakan, kelongsoran dan sistem penyaluran air merupakan masalah-masalah tehnis yang harus dicari penyelesaiannya.

Prof. Roosseno visiting the library of the Royal Institute of Linguistics and Anthropology of Leyden. Technical problems such as cleavage, sagging and drainage should be solved.

Sebuah adegan relief menggambarkan Buddha menyampaikan cincinnya kepada Gopā. Foto ini dibuat pada tahun 1910.

A detail of the reliefs depicting Buddha offering his ring to Gopā, photographed around 1910.

*

90

Relief yang sama sekarang, diserang oleh penyakit batu-batuan. Harus dicarikan penyelesaiannya untuk menyelamatkannya dari unsur perusak ini.

The same relief in its present condition, attacked by stone disease. A solution has to be found to prevent it from this destroying evil.

Gedung kantor yang baru, menggantikan pesanggrahan lama.   New office replacing the resthouse.

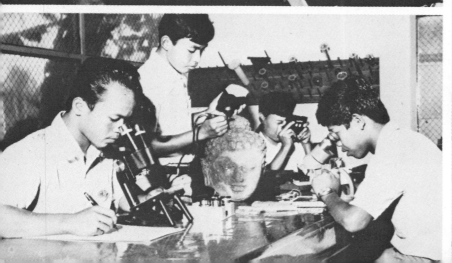

The Borobudur will always be accessible to the tourist
in spite of the restoration activities.
Preliminary work is proceeding.

Pada tanggal 10 Agustus 1973, Presiden Suharto meresmikan pemugaran candi Borobudur.
Sebuah patung Buddha dengan sikap agung menantikan selesainya pemugaran.

On the 10th of August 1973, President Soeharto of the Republic of Indonesia officially started the restoration of the Borobudur. A Buddha statue solemnly awaiting the completion of the re-erection of this edifice.

Akhir kata

Salah satu rencana ialah melengkapi proyek pemugaran dengan suatu pusat penyelidikan. Lembaga ini dapat berfungsi seperti "Kern Instituut" dan "Instituut voor Taal-, Land- en Volkenkunde" di Leiden, sesuai dengan peranannya yang menghasilkan ahli-ahli ternama dan berjasa dengan pengetahuannya tentang Borobudur.

Banyak masalah yang masih memerlukan pemecahan. Nama berbagai patung Buddha belum diketahui dengan pasti. Dibangunnya candi oleh Gunadharma pada tahun 800 pun masih lebih merupakan mitos, dan belum terbukti sebagai kenyataan sejarah. Kaki candi yang tersembunyi dan area Buddha yang tak selesai, tetap memerlukan perhatian.

Tetapi agaknya hari depan Borobudur menggembirakan. Sir Thomas Stamford Raffles adalah yang pertama antara deretan sekian nama, yang mempengaruhi nasib candi, dengan menyelamatkannya dari kealpaan sejarah, Ir. van Erp perintis pemugaran dan mengembalikan bentuk arsitekturnya yang khas.

Kerusakan lebih lanjut memerlukan lagi manusia dengan pengabdian. Prof. Roosseno yang memimpin konstruksi berbagai bangunan besar, bertekad bersama stafnya untuk mengikis kesangsian mengenai kelanjutan hidup candi.
Bantuan yang dijanjikan oleh Unesco dan lembaga-lembaga yang menginginkan preservasi Borobudur, merupakan sumbangan tak ternilai dalam penyelesaian tugas sampai berhasil. Di kalangan mistik Indonesia diramalkan akan megah dan makmur, bila Borobudur telah kembali pada keadaannya semula. Semoga ilmu dan teknologi memungkinkan terwujudnya pemugaran monumen budaya ini dengan sempurna dan semoga bisikan gaib dan ramalan ini menjadi kenyataan nanti.

Epilogue

Part of the plans include the addition of a study-centre to the restoration project. This centre might follow the example of the Kern Institute and the Royal Institute of Linguistics and Anthropology of Leyden, since scholars of excellent repute of these institutes have contributed a great deal to the knowledge about Borobudur.

Many problems still remain to be solved. The origin of the names of several Buddha statues are not definitely known yet. How the monument was built by Gunadharma about 800 AD is myth rather than history. The mystery of the hidden base and the unfinished Buddha from the central stupa still call for full attention.

But the future of Borobudur is very hopeful. Sir Thomas Stamford Raffles was the first of a long line of men who were to exert influence on its fate and who tried to save it from decay. Ir. Th. van Erp, who pioneered later work, restored its original architectural characteristics.

Renewed dilapidation again required people with dedication. Prof. Roosseno, under whose supervision many construction works have been completed in Indonesia, and his staff have undertaken to free Borobudur from doubts about its survival. The aid promised by Unesco and by foundations who aim at the preservation of Borobudur, will constitute an important contribution towards a successful accomplishment of this task.

In mystical circles it is prophesied that Indonesia shall again attain great prosperity provided Borobudur shall be restored to its original state. May modern science and techniques realise this recovery and may the whispered prediction of this mystical world come true.

Penukaran "gambar" dengan maksud memperoleh kesepakatan pernikahan yang terlihat pada relief ini, juga dapat dianggap sebagai suatu bukti nyata bahwa sebelas abad yang silam, para seniman telah mendapat tugas membuat potret.
Relief-relief ini adalah bagian dari suatu ceritera Awandana dan terletak di dinding utama deretan bawah pada lorong pertama sebelah selatan candi.

Aneka unsur calon mempelai pria.

Detail of the bride to be.

Exchanging "portraits" with the purpose to gain the approval for a marriage, which is depicted here, can also be seen as a visual evidence that eleven centuries ago artists were already commissioned to paint portraits.

Aneka unsur calon mempelai wanita.

Detail of the bridegroom.

Borobudur sekarang setelah dipugar.   Borobudur to-day after the restoration.

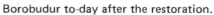

Penari lincah pada relief ini telah keliling dunia dalam rangka mencari dana untuk pemugaran candi Borobudur.

This elegent dancer on this relief has travelled around the world to promote funds rising for the restoration of the Borobudur.

102

Ucapan terima kasih

Terima kasih terutama disampaikan kepada Prof Dr. Soekmono, yang pernah menjabat kepala Dinas Purbakala, dan sepenuhnya menangani masalah kepurbakalaan dalam pemugaran Candi Borobudur.

Kepada Prof. C. Voûte, koordinator Unesco atas saran-sarannya pada persiapan penerbitan buku ini.

Bapak Gubernur Jawa Tengah dan sekretaris Drs. Sumendar, khusus untuk kesediaannya memberi bantuan.

Fasilitas istimewa dari Dinas Purbakala di Borobudur yang membantu kegiatan pemotretan, Drs. Sudiman, Drs. Suharsono dan Drs. Maulana perlu kami sebut dalam hubungan ini.

Koninklijk Instituut voor Taal-, Land- en Volkenkunde di Leiden, yang menyediakan seluruh perbendaharaan data-data untuk dimanfaatkan.

Ny. Terwen-de Loos almarhumah di Rijksmuseum Volkenkunde di Leiden, atas minat dan gairahnya terhadap penyusunan buku ini.

Penulis Rob Nieuwenhuys dan stafnya, yang ramah menyediakan foto untuk direproduksikan, antara lain foto kaki candi tertutup, enam relief yang utuh, rumah pesanggrahan, dan foto-foto Ir. Th. van Erp serta Borobudur sekitar tahun 1910.

Mrs. Judy Bird atas kesediaannya menyempurnakan bahasa Inggris dan Dra. Hendari Sofion untuk bantuan peristilahan purbakala.

Kepada Drs. Barus Siregar yang memungkinkan penerbitan buku Namo Buddhaya yang mendahului buku ini.

Terutama kepada Almarhum Fred Awuy beserta isterinya Marijke sewaktu menyusun buku Namo Buddhaya.

Acknowledgment

In the first place thanks are due to Prof. Dr. R. Soekmono, former head of the Archaeological Service in Jakarta, and was in charge of the archeological operations of the restoration of the Borobudur.

To Prof. C. Voûte, Unesco co-ordinator, for his advices rendered during the preliminaries of this publication.

The Governor of Central Java and his secretary, Drs. Sumendar, are particularly mentioned for their generous co-operations.

For the magnificent facilities from the Archaeological Service of the Borobudur during the photographic operations, Drs. Sudiman, Drs. Suharsono and Drs. Maulana should be specially mentioned.

The Royal Institute of Linguistics and Anthropology of Leyden, to make available the abundance of data compiled in their library.

The late Mrs. Terwen-de Loos of the National Museum of Anthropology of Leyden, for her enthusiasm and warm interest in the process of writing this book.

The writer Rob Nieuwenhuys and his staff, who kindly made available photographic material for reproduction purposes, i.e. the hidden foot, six undamaged reliefs, the resthouse, photographs of Ir. Th. van Erp and the Borobudur around 1910.

Mrs. Judy Bird for her readiness to put the finishing touch to the English text and Dra. Hendari Sofion for her advice on archaeological terminology.

To Drs. Barus Siregar who made the publishing of Namo Buddhaya a previous book on Borobudur possible.

Of utmost value has been the participation of the late Fred Awuy and his wife Marijke in composing Namo Buddhaya.

LEMBAGA DAN PERSONALIA YANG
BERPERANAN PADA PROSES
PEMUGARAN CANDI BOROBUDUR.

INSTITUTIONS AND PERSONALITIES
PARTICIPATING IN THE PROCESS
OF THE RESTORATION OF CHANDI
BOROBUDUR.

CONSULTATIVE COMMITTEE FOR THE SAFEGUARDING OF BOROBUDUR.

Ketua	Prof.Dr.Ir. Roosseno (Indonesia)	Chairman
	Prof.Dr.R.M.Lemaire (Belgia/Belgium)	
	Prof.Dr.D.Chihara (Jepang/Japan)	
	Dr.K.G.Siegler (Jerman Barat/Federal Republic of Germany)	
	Dr.W.Brown Morton III (Amerika/USA)	

Badan Pemugaran Candi Borobudur

Ketua	Prof.Dr.Ir. Roosseno	Chairman
Sekretaris eksekutip	Prof.Dr.Soekmono	Executive secretary

Proyek Pemugaran Candi Borobudur

Pemimpin Proyek	Prof.Dr.Soekmono	Project Manager

Fihak swasta/Private Organizations.

Ketua	American Committee for Borobudur Inc. Mr.Maurice F.Granville	Chairman
Ketua	Japan Association for the Restoration of Borobudur in cooperation with the Asian Cultural Center for UNESCO. Mr. Goro Koyama	Chairman
Ketua	Commemorative Association of Japan World Exposition. Mr.Yoshishige Ashihara	Chairman
Ketua	Netherlands National Committee for Borobudur (Behoud Borobudur). Dr.C.Nagtegaal	Chairman
	General Lottery in the Netherlands.	
Ketua	Borobudur Restoration supporting group in Nagoya. Mr. Yuken	Chairman
Ketua	JDR 3rd Fund, New York. Mr. Porter A. Mecray	Chairman
	International Business Machines Corporation.	

Para ahli/Experts

Prof.Dr.A.J.Bernet Kempers	Ir.C.C.Th. de Beaufort	Ir.Yutono	Ir.Wiratman Wangsadinata
Prof.Dr.C.Voûte	Mr.J.Dumarcay	Prof.Dr.Ir.Parmono Atmadi	Drs.Boechari
Miss.Dr.G.Hyvert	Dr.J.Fontein	Ir.Tedjodjoewono	Drs.Maulana

Seluruh pekerja-pekerja di lapangan, beserta
rakyat Indonesia pada umumnya, khusus
masyarakat setempat di sekitar Borobudur.

All the field workers and the people of
Indonesia in general and in particular the
society living around chandi Borobudur.

EXECUTIVE COMMITTEE FOR THE INTERNATIONAL CAMPAIGN TO SAFEGUARD THE TEMPLE BOROBUDUR.

Negara anggauta:	Member nations:
1. Australia	1. Australia
2. Belanda	2. Belgium
3. Belgia	3. Burma
4. Birma	4. Cyprus
5. Filipina	5. France
6. Ghana	6. Federal Republic of Germany
7. India	7. Ghana
8. Inggris	8. India
9. Iran	9. Iran
10. Iraq	10. Iraq
11. Italia	11. Italy
12. Jepang	12. Japan
13. Jerman Barat	13. Kuwait
14. Kuwait	14. Luxemburg
15. Luxemburg	15. Malaysia
16. Malaysia	16. Mauritius
17. Mauritius	17. Netherlands
18. Muangthai	18. New Zealand
19. Nigeria	19. Nigeria
20. Pakistan	20. Pakistan
21. Prancis	21. Philippines
22. Qatar	22. Qatar
23. Selandia Baru	23. Singapore
24. Singapura	24. Spain
25. Siprus	25. Switzerland
26. Spanyol	26. Thailand
27. Swiss	27. United Kingdom
28. Tanzania	28. United Republic of Tanzania

PENYUMBANG SWASTA / PRIVATE ORGANIZATIONS

1. *Rakyat Indonesia* / The Indonesian people.

2. American Committee for Borobudur Inc.

3. Japan Association for the Restoration of Borobudur in cooperation with the Asian Cultural Center for UNESCO.

4. Commemorative Association of the Japan World Exposition.

5. Netherlands National Committee for Borobudur.

6. General Lottery in the Netherlands.

7. Borobudur Restoration supporting group in Nagoya.

8. JDR 3rd Fund, New York.

9. International Business Machines Corporation.

Kepustakaan

Dr. F.D.K. Bosch.
De Goude Kiem.
Inleiding in de Indische Symboliek.
Uitgeversmaatschappij Elsevier.
Amsterdam - Brussel. MCMXLVIII.

J. Crawfurd.
History of the Indian Archipelago.
Edimb. 1820. 3 vol. 8 Deel II.

Th. van Erp.
Beschrijving van Barabudur II.
Bouwkundige Beschrijving 1931

Dr. C. J. Wijnaendts Francken.
Het Boeddhisme en zijn Wereldbeschouwing.
NV Boekhandel en drukkerij
Voorheen E.J. Brill - Leiden 1932.

Helmut von Glasenapp.
Het Boeddhisme.
Kruseman's uitgeversmaatschappij NV.
's-Gravenhage 1971.

B.P. Groslier en C. Voûte.
Borobudur. Unesco Courier June 1970.

Claire Holt.
Art in Indonesia Continuities and Change.
Cornell University Press.
Ithaca, New York 1967.

Department of Information.
Republic of Indonesia.
Short Guide to Borobudur - Mendut and Pawon.

Kaelan.
Mendut - Pawon - Barabudur, Petundjuk Tjandi.
Tjabang Bagian Bahasa, Djawatan Kebudajaan.
Dep. P.P. dan K. Jogjakarta 1959.

A.J. Bernet Kempers.
Borobudur — Mysteriegebeuren in Steen —
Verval en Restauratie — Oudjavaans Volksleven.
NV Servire - Wassenaar 1970.

Kern.
Geschiedenis van het Buddhisme. 1882.

Dr. N.J. Krom and Th. van Erp.
Barabudur Archaeological Description.
The Hague, Nijhoff 1927.

Bibliography

Dr. N.J. Krom.
Korte Gids voor de Borobudur.
Landsdrukkerij, Batavia 1913.

Hindu — Javaansche Geschiedenis,
's-Gravenhage 1926.

The Life of Buddha on the Stupa of Barabudur
according to the Lalitavistara text.
The Hague, Martinus Nijhoff 1926.

Baraboedoer het Heiligdom van het Boeddhisme
op Java. De Weg der Mensheid Monografieën
gewijd aan Kunstgeschiedenis en Religie
no. 9. Amsterdam 1930.

Het Karmawibhangga op Barabudur
Meded. der Kon. Akad. van Wetenschap afd.
Letterkunde. DI 76 Serie B.N.8.
Amsterdam.

Dr. C. Leemans en J.F.G. Brumund.
Boroboedoer op het Eiland Java.
Afgebeeld door F.C. Wilsen.
Leiden, E.J. Brill 1873.

C.M. Pleyte.
Die Buddha Legende in den Skulpturen des
Temples von Bôrô-Budur.
Amsterdam, De Bussy 1901. In 12 afleveringen.

J.F. Scheltema, M.A.
Monumental Java.
MacMillan and Co. Limited.
St. Martin's street London 1912.

Drs. Soediman.
Glimpses of the Borobudur.
Archaeological Foundation, Executive Branch.
Jogjakarta 1968.

Soeharsono.
Petundjuk singkat ke bangunan sutji, Barabudur
Badan penerbit PT "Jaker", Jogjakarta 1964.

Dr. W.F. Stutterheim.
Studies in Indonesian Archaeology.
Koninklijk Instituut voor Taal-, Land- en
Volkenkunde, The Hague - Martinus Nijhoff 1956.

Sir Thomas Stamford Raffles.
The History of Java.
2 Vols. London, Black Parbury and Allen 1817.

Isi   Contents

Kata pengantar	V	Preface
Mendut—Pawon—Borobudur	1	Mendut—Pawon—Borobudur
Buddha Gautama	9	Buddha Gautama
Penampang candi Borobudur	16	Shape and structure
Denah	18	Plan
Kāmadhātu	24	Kāmadhātu
Rūpadhātu	28	Rūpadhātu
Arūpadhātu	34	Arūpadhātu
Urutan relief	40	Sequence of reliefs
Isi relief	42	Contents of the reliefs
Urutan keliling	43	Sequence of rounds
Karmawibhangga	44	Karmawibhangga
Kehidupan Buddha pada relief	46	The life of Buddha in reliefs
Sikap tangan Buddha	63	The hand positions of Buddha
Masa lalu dan penemuan candi	74	Oblivion and discovery
Pemugaran pertama	79	First restoration
Pemugaran kedua	85	Second restoration
Akhir kata	97	Epilogue
Ucapan terima kasih	103	Acknowledgment
Kepustakaan	106	Bibliography

Tata rupa *dan Foto*	*YAZIR MARZUKI* *FRED D. AWUY*	Composition and Photography
Terjemahan	*TOETI HERATY*	Translation
Percetakan	*PT MIDAS SURYA* *GRAFINDO*	Printers

Foto-foto bertanda * *diperoleh berkat bantuan Koninklijk*
Instituut voor Taal-, Land- en Volkenkunde di Leiden,
Bagian Dokumentasi Sejarah Indonesia.

Photographs marked with a * by courtesy
of the Royal Institute of Linguistics and
Antropology — Leyden, Documentation
Department on Indonesian History.